HABLE LA LUZ

José Luis Zerón Huguet

COLECCIÓN ITES

HABLE LA LUZ

© José Luis Zerón Huguet
© Prólogo: Natalia Carbajosa
© Fotografía de portada: Alberto Zerón Huguet
© de esta edición: Olé Libros, 2024

ISBN: 978-84-10053-65-6
Depósito legal: V-3104-2024
Impreso en España

KALOSINI, S. L.
Grupo editorial olélibros
equipo@olelibros.com
www.olelibros.com

Hable la luz y hable al aire, por ti, por mí.
PUREZA CANELO

Cómo decir
sagrado
en este tiempo
de profanaciones
JOSÉ LUIS PUERTO

PRÓLOGO

Si tuviéramos que resumir en una sola frase el empeño más característico de la poesía occidental desde el romanticismo hasta esta segunda década del siglo XXI —me refiero a la poesía deudora de una tradición, no a ese invento reciente del mercado y las redes que pretende emular el acto creativo a partir de la nada—, este sería, sin duda, el de resignificar el mundo. El triunfo de la subjetividad como unidad de medida de la expresión poética anuncia un camino de libertad. La democracia, el progreso económico, el equilibrio geopolítico logrado tras las dos grandes contiendas en suelo europeo y el avance de los derechos civiles marcan un *Zeitgeist* en parte luminoso, vaticinado en los versos de Walt Whitman.

Este espíritu de nuestra época, como todo, también contiene su lado oscuro, su Apolión, el tiempo tras la alambrada de los versos de Paul Celan. Al margen del sinfín de ejemplos terrenales que podemos evocar sin necesidad de rebuscar mucho —guerras, migraciones masivas, desastres ecológicos, hipervigilancia algorítmica—, el abismo que se abre ante la conciencia poética de hoy es, aunque incluya todos esos desastres, principalmente de orden ontológico: extraviado de sí mismo, de su sentido y del propio sentido de su libertad, incluso de la posibilidad de un asidero espiritual más o menos reconocible, el poeta contemporáneo es un profeta a la inversa. No se trata tanto de que añore tiempos pasados, sino de que, vuelta la mirada a las ruinas de lo ido, a modos de ida hacia los que le es imposible retornar, siente que se le escamotean las señales por las que seguir haciendo camino. A sus pies, nada se extiende salvo una colosal enajenación sin puntos de referencia, una tierra baldía de proporciones cósmicas.

¿Cómo poner palabras a semejante estado de excepción de la conciencia individual, y cómo transmitírselas a una tribu tan sumida, como su malaventurado aedo, en un sentimiento de impotencia e irrelevancia? Desde tal precipicio nos llega este libro de José Luis Zerón Huguet, *Hable la luz,* título que suena a plegaria y que, en sus páginas, se concreta en sucesiones acuciantes de interrogantes y en interpelaciones constantes del yo poético, bien a sí mismo o a un tú lector; bien al ángel de las tinieblas o a su reverso, un dios escrito en minúscula, obstinado en su silencio:

> Llegado a la edad en que todo empieza
> a transformarse
> te llamo a ti,
> me dirijo a ti, el que siempre
> anduvo lejos
> y ocultó su rostro y su nombre.
> Invoco tu hospedaje,
> dios desconocido, y te pido que fecundes
> nuestro destino de olvidados.

Dentro de este principio general, sin embargo, afloran temas y matices diversos. No todos los valores del pasado, ni mucho menos, están amortizados. Frente a la intemperie espiritual se reivindica, en poemas como «Betel», el sentido de la hospitalidad y del lugar sagrado, lo opuesto a los no lugares de Marc Augé; se subraya la importancia de la mirada como forma poética de comunicar y, sobre todo, de resistir («Ojos que no claudican», «La mirada ancestral»); y se reubica al hombre en medio de una naturaleza precaria, sí, pero que tiene la fuerza de seguir proyectándose ahí donde el impulso humano desfallece. La figura que mejor ejemplifica esto último, sin duda, es la de las aves, por su reconocible carga simbólica de seres a medio camino entre el cielo y la tierra:

> Nos sentamos a la mesa en la casa de lo incierto,
> nada más sencillo que hacer
> ánimo de lo que somos cuando el primer
> zureo de la tórtola replica
> al último ulular de la lechuza.

Por su parte, Zerón Huguet ejerce en estas páginas la autoridad que confieren los años —si es que algo confieren más allá de pérdidas y decepciones— para dialogar de tú a tú con la muerte, elemento medular del poemario que se articula en una suerte de «muero, luego existo». Cerca de Tánatos encontramos, por supuesto, a Eros («y en cada coito / con la vida, la muerte / engrandece su alquimia»), en un tándem cíclico de regeneración y disolución a cuyo reconocimiento se refiere el poeta como «deseo y espanto». «La muerte muerta» de Zerón Huguet recuerda a esa otra de Claudio Rodríguez con la que, consciente de que le quedaba poco tiempo, este se despedía poéticamente de la vida en su libro *Casi una leyenda*. En ambos casos, los poetas acuden al *topos* de la danza de la muerte para constatar la interrelación entre alegría y acabamiento, germinación y putrefacción.

Si bien los síntomas de la enfermedad existencial de nuestra época en *Hable la luz* nos remiten a la interpretación del mito de Sísifo por parte de Albert Camus o los antihéroes en las novelas y relatos de Franz Kafka, la frágil conclusión a la que el poeta conduce sus páginas también proviene de una tradición reconocible. Al fondo de la caja del corazón queda eso que Emily Dickinson llamó «la cosa con plumas», la esperanza, evocada de nuevo a través de las aves. En su nombre, el poeta, que no por casualidad se sitúa poco más allá de mitad del camino de la vida, es llamado a cantar *(«De senectute»)* aun sin obtener respuesta. Debe buscar una una tregua aceptable entre sí mismo y el mundo dentro de su íntima desesperación («Alianza»).

En su ayuda, una vez más, vuelve a resonar Claudio Rodríguez en poemas como «¿Dónde la alegría?». Zerón Huguet divisa por fin el sendero de retorno a casa entre los escombros, para el cual constata que el lenguaje heredado es insuficiente y, además, la existencia misma se pone en entredicho («no sabes si vives o sueñas»). Todo ello para llegar, con obstinación, como mucho a un «señuelo de eternidad» que, dada la desproporción de fuerzas, parecería bastar. Si la primera parte de *Hable la luz* ponía al poeta frente al ángel destructor y al dios indiferente, los poemas finales nos lo muestran como un peregrino casi triunfante en la menesterosidad de su búsqueda:

> Expuesto enteramente a la inclemencia,
> con el paso adelantado hacia
> el umbral, digo sí al rumor de enredaderas
> en el seno de la luz última.
> Un sí sucio de alquerías, pero con todos
> los fuegos vivos,
> un sí mayor asumiendo que nunca
> encontraremos lo que vinimos a buscar.

En *El rey Lear*, la obra de Shakespeare que con más claridad refleja la desolación del alma humana, Gloucester es conducido a un falso acantilado por Tom, con la intención de suicidarse. Ciego e ignorante de que quien le asiste es su propio hijo repudiado, Gloucester representa el absurdo extremo, la comicidad más negra dentro de la tragedia más insoportable.

Su salto fallido termina sin embargo en un gran alivio cuando oímos a Tom, a su vez paradigma supremo de la compasión, exclamar: «Vuestra vida es un milagro. Hablad, pues». Milagro viene de mirar, de asombrarse. Miramos primero y recuperamos así el logos o, mejor dicho, inventamos uno nuevo que antes de nuestra ceguera nos resultaba imposible emplear. «Mirada y palabra», como nos dice nuestro poeta, son una sola cosa. O como escribe en «*Ars poetica*»:

> Alabado seas, asombro
> que conviertes en prodigio
> los gestos anodinos
> y deslizas tu lengua
> por la piel ajena celebrando sus veneros.

Así se produce, sí, el milagro: primero se llega al límite tolerable del desasosiego, de la oscuridad, al abismo de entender el sufrimiento del otro encarnado en el de uno mismo, como relata el poema «Contra la costumbre». Después, se comienza a hablar, aun a tientas y como en un balbuceo, por boca de la luz. Bienvenido, lector, a su morada, y dejemos que hable.

Natalia Carbajosa
Cartagena, junio de 2024

APOLIÓN

Tienen sobre ellos por rey al ángel del abismo, cuyo nombre en hebreo es Abadón, y en griego se llama Apolión.
APOCALIPSIS 9, 11

Esperamos la luz, y he ahí tinieblas
ISAÍAS 59, 9

Acude, sombra, al sitio en que la muerte nos espera.
JAIME SABINES

INTROITO

¿Quién dijo alguna vez: hasta aquí el amor,
hasta aquí el odio?

JUAN GELMAN

Con tus ojos en mis ojos buceo
en el oleaje de la luz y la sombra
antes de la calcinación.
Compongo una plegaria bravía contra tu abrazo
de odios antiguos, saqueador de la inocencia,
ángel roto, ángel del abismo.

¿Por qué concediste sabores de fiebre a mi boca?
¿Por qué sembraste nuestra
memoria de temores ciegos?
¿Por qué tantos cementerios y fosas comunes?
¿Por qué tu éxtasis ante la indefensión humana?
¿Por qué tanta belleza
en el légamo de la ferocidad?
¿Por qué tantas matrices profanadas?

Dime, ángel roto, ángel carroñero,
ceniza y huella de abismos, cielo y sepultura,
discurso vociferado de la madre muerte,
¿por qué afilas tus uñas contra el mundo?
¿Por qué reclamas la podredumbre de la tierra?
¿Por qué te sacias en la lumbre que nos calienta?
Dime tú, condenado al insomnio homicida,
¿por qué destruyes los templos que nos cobijan?
¿Cómo olvidarte, dime?

¿Cómo negarte, cómo desobedecerte
si violas a diario la esperanza con la sombra
inclemente de tu hambre?
Dime cómo sobreviviremos al páramo
si la madurez del fruto es un verbo dañino
que nació del magma de tu vientre, dime cómo
si proteges a las Furias que despedazaron
al fénix en los eriales.
Dime cómo alcanzar los refugios colapsados
de tu gesto frío
cuando la vida
bulle hacia el meridión.

Olvidamos que somos cuerpo de tu cuerpo,
naturaleza salvaje de la abundancia
en los caminos rasguñados de la herida.
Tu luz, tu excremento y tu sangre somos,
Apolión, el grito rapaz que reafirma
toda la magnitud
de nuestra insignificancia.

Tiempo oscuro

Para Lola López Mondéjar

I shall forget the drop of anguish
That scalds me now—That scalds me now!
EMILY DICKINSON

El mundo huele a miedo.
Cuánta fe centellea de saldo.
Es tiempo de reclusión
y de inabarcables lejanías.
¿Es hora de qué, falsos profetas?
¿En qué debemos creer
si murió la verdad?
¿Si no podemos soñarnos,
podremos al menos
velar el sueño perdido?
¿Podremos llamar amor
a lo que no ama ni enlaza?
¿Es un acto imprudente
abrazar a quien se guarece
de los afectos?
¿Cómo entonar un canto de frontera
entre voces corrompidas
por la desconfianza?
¿Cómo celebrar
lo viviente, lo vivido
entre tanto goce cancelado?
¿Cómo ensalzar los colores
vegetales en un mundo
que se seca?

¿Podré acoger con mis palabras
lo que late en el agua estancada?

La más pequeña luz
puede hacer que olvidemos la ceniza.

La danza de la muerte

¡Ay Muerte! Muerta seas, muerta, e mal andante...

ARCIPRESTE DE HITA

La muerte, siempre al acecho, con sus métodos
y sus demostraciones, seguros e implacables.
Existir y ser para encontrarla, tolerar
su cercanía constante y saber
que ninguna ofrenda saciará su codicia,
pues no hay ruego que nos proteja de su intolerancia
y, en cada coito
con la vida, la muerte
engrandece su alquimia.
Con paciencia y tiempo la muerte
se posa al lado de tu vida,
acechando en la claridad,
haciéndose fruto y sabor
para ti.
La muerte se camufla
en un trance de pasmo
y plenitud
como un diminuto brote en un inmenso bosque,
regocijándose
mientras nosotros nos regocijamos.
La muerte, muerta
en apariencia,
callada, escondida,
en horas de paz y celebración,
pero presta a exhibir su poder súbitamente.
La muerte toma a quien engancha
y a quien es enganchado,

a quien la repudia
y a quien la glorifica,
figura y dimensión
de la belleza y la decrepitud,
diosa salvaje con voluntad
razonable y ordenada,
con sus ambrosías y sus venenos.

La hora de la culebra

Como las lágrimas de una madre ante
el cadáver de su hijo en la morgue,
como el exiliado ante la tierra prometida,
como el mendigo que remueve
los cubos de basura
con mecánica precisión,
como las colas tristes
del paro, como la multitud ciega de espanto,
huyendo de los bombardeos,
como el osario olvidado en una cuneta,
así es mi rezo
sacrílego a la nada,
la oración de quien quiere
creer bajo las bóvedas de un mundo
que se desmorona dócilmente,
la plegaria de quien
no es capaz de encontrar respuestas
que cieguen los ojos de la derrota.

Ahora, el instante I

Para Gema Ferrández Gea

En el fuego del crepúsculo arden los pájaros.
El cincel de la última luz esculpe las sombras,
y un instante pleno de unidad irradia calma.
Oigo palpitar el corazón
de la lumbre. Mi ser
espera ser en este encierro de la mirada,
cuando todo está lleno
de luz y no es posible ver
allí donde se quiebran
las ramas del dolor.
Todo cuanto ahora es planto,
mañana será himno.
Cuánto antes,
cuánto después.
Todavía aguardamos
la repetición de lo nuevo,
la dicha de volver a abrir los ojos
y saber que aún podemos mirar
la vida con deseo pese a tanto
que se nos muere.

VITA FLUMEN

Decimos aquí y estamos allí,
decimos grato
y es amargo,
llamamos deleite a la sed
de conocimientos y hacemos
del ansia una virtud
y de la ignorancia, una
ilusión.
Decimos adentro y estamos afuera.
Nosotros, engreídos sísifos,
idólatras sin altares, seremos
anónimas huellas borradas
por el paso del tiempo.
Aunque hayamos sofisticado
el grito de socorro,
todavía obstinados
y a pie descalzo,
insistimos en las alturas
y en los fondos buscando úteros
en la nada.

AZAR Y TIEMPO

Soledad, garriga donde se rompe la luz
y no hay sol que alumbre
ni beleño que sosiegue.

El alcaraván canta ansiando
la cima de su vuelo.
En las brasas de la edad hay
una guerra y un destierro,
hay un viento humeante
y unas garras abiertas
y una llama que se alza
en el vano de los sueños.
Soy el mismo que dice soy
y no se reconoce,
y son estos clamores atenazados
presagio de clausura
y de esparcimiento
en mi memoria.

Guardaré en mi impedimenta el sigilo
de la araña, el raseado chirriante
del grajo, el beso incisivo del cardo,
la sed de los hierbajos
y el zafre descarado
de la flor que acecha en el roquedío.
Guardaré un reguero de óxido
del horizonte exangüe
y las osamentas dispersas
en las vaguadas.

La certeza es solo respiración forzada,
alegría recóndita y arqueología
de azares.

En este paisaje se reúnen
la derrota del hombre,
la aduja de la serpiente,
el sufrimiento
de tanta alma lisiada,
de tanta retirada
hacia la mugre.

Aquí unidas, la certeza de los que nada esperan
y el hambre de los que llaman a los portones
de madrugada.
Aquí bulle el infierno
de la quietud,
y fermenta el vertedero de tanta
fe pudriéndose.

Urge en la mirada
un refugio donde no puedan
penetrar las toxinas
de la luz que decrece,
donde no haya huella de materia engullida
por los dioses.

Ahora, el instante 2

Ahora que todos nos miramos con
deseo y espanto,
afirmando la inminencia en la tensión de la espera,
ahora que, con el vértigo de la incertidumbre,
se intensifica la cópula de los opuestos
y el asalto de un abrazo destruye y purifica
volvamos la cabeza para ver lo perdido
y nombrarlo.
Miremos atrás para que el ojo no ciegue su memoria.
Ahora que nos sabemos frágiles titanes,
hollemos la sequedad del estrago
y bebamos un zumo de brasas para no ser ceniza.
Ahora que hemos conocido la voluptuosidad del lodo
y una fuerza corroe
la vida, no temamos
la fiereza del amor y sus retos.
Ahora que nuestros ojos
se protegen de la hambrienta añoranza
gocémoslo todo
sin esperar nada.

RITUAL

En un cañaveral rodeado de escombros,
los ojos de la mantis
miran el cuerpo,
casi cadáver,
de una langosta.
Un gesto mío bastaría
para romper el hechizo, pero yo
también siento en mi sangre
el ansia de la devoración.
La tórtola inicia su canto,
la abubilla rebusca
en la basura
y el ratonero
acecha en el aire.
Vierte la mantis
el veneno de su mirada
en el corazón de la víctima.
La diosa se arrodilla y junta las manos.

La paz vaticina el festín.

Canto de la vida breve

El hombre es solo testigo momentáneo de tanta belleza sin motivo.

Francisco Umbral

Si he de morir, ¿por qué
la vida aún deslumbra
mis ojos?
¿Por qué esta niebla de azafrán
en las acequias
edifica con ruinas
altares de plenitud?
¿Por qué la geometría de las enramadas
diseña el esplendor de todo cuanto me exalta?
Si he de morir,
¿por qué grito
un sí sonoro a todo
lo que perecerá
como un aroma dulce
a limones y naranjas caídas,
como un grito de ave oculta en la fronda?
No hay respuestas en los límites de la certeza,
no hay donde poder orientar
nuestra esperanza en este
mundo convulso
que se disputan
Aión y Cronos.

Si yo pudiera elevar un hospicio
contra la desesperanza y el fracaso,
si yo pudiera habitar
los ojos del animal muerto

y devolverles la mirada,
si yo pudiera garantizar la dignidad
de tantos cuerpos despreciados,
si yo pudiera hacer que mis deseos fueran fuego
y no residuos de fogatas apagadas,
si al menos pudiera evitar
que el desdén, el dolor,
la mentira en jauría
violen la inocencia de la palabra llena,
si yo pudiera posar
mis labios donde la vida se muere,
escuchar el eco del estallido
primordial en la bóveda del infinito,
si yo pudiera...
Pero solo soy alguien mortalmente vivo
que en su insignificancia ansía
el calor del sol que lo ignora,
los azúcares de una sed que no conoce límites
alguien que forma parte de esta
fugaz orfebrería vespertina.
No soy más que el mochuelo
que grita en lo alto de la palmera
y que en un instante alzará el vuelo.
No soy más que la pulpa
de los primeros frutos del otoño,
Solo soy alguien, solo alguien
que huye buscándose en el camino
del instante,
alguien que deja caer un ancla en el piélago
del estremecimiento,
alguien insignificante que ha de morir,
y que, como tú, me pregunto
si seré capaz de mantener viva

la llama que se extingue
y hallar en las sombras, como desearía,
las aladas semillas de la luz,
la gloria de un júbilo que palpita
en la liturgia de la carne.
Solo soy alguien como vosotros,
expuesto a la codicia
de tanta belleza sin motivo.

Ojos que no claudican

Escribo tan oscuro,
tan adentro,
tan al cabo del miedo.
La tierra preparada
para la siembra
y la pregunta fosforeciendo en mis ojos
a tientas,
        a oscuras,
la tierra
        gestando
y cada sí que emerge
de su ser vibrátil.
La tierra
        gestando
cubierta de polvillo cósmico
y gritando los verdes
que se encienden
como corpúsculos
táctiles de vida primera.
La lámpara encendida:
las primeras palabras
acuden
y el balbuceo
será discurso.
No hay sentido en el canto
de los pájaros,
solo abrazo
        y plenitud.
Mundo y muerte abrazados,
vuelo y caída,
caída y vuelo.

Lo que perece
aviva nuestro deseo de vida.
Regreso y me busco en el vértigo
y me hallo
            en el laberinto,
tan adentro y tan afuera,
tan camino del olvido todo lo que nace.
El miedo combate con el asombro
profanador de brumas.
Llamaré otoño
a la hilera de nubes rojas,
al remolino
de hojas volanderas,
a la segunda camada de frutos,
a los niños envueltos
en el polvo de los caminos.
Aquí voy a seguir en mi mundo al raso,
en este habitar sin rumbo
los recovecos
de la mañana,
con la certeza de ser nunca lo que fui,
con la cercanía de todo
lo que no es computable.
Las fauces de la abundancia
devorarán mi espacio.
Escribo en este aquí
perecedero,
escribo en un insolente ser y estar,
sabiendo que soy nada
pese a mi decir,
sin renunciar
a estas palabras

que respiro
   y saboreo,
materialidad
      en rebeldía
que no reconoce la palabra eternidad
pero la pretende
     ilusamente.

Paisaje después del incendio

El fuego desplegó las alas
y la furia de su vuelo borró
las arboledas.
La naturaleza ofrendó
su cuerpo hasta que ardieron las raíces.
Marabunta,
marusía,
maremagno.
El tiempo
yéndose y las formas disueltas
como última defensa contra la llama.
El recuerdo de lo ido
contra la bruma
sinuosa de lo estéril,
el recurso de la esperanza
tanteando las brasas últimas.
Qué verde ya tan negro
y la luz tiritando
de ausencia, y un fugaz
vuelo de aves desafiando
a la esperanza.
La ausencia
encarnada en la carroña,
los chisporroteos últimos
y el maloliente aliento
de los despojos.
Donde hubo vida,
ya solo hay silencio.
Donde antes hubo cobijo, ahora hay perdición.
El color sucio de la gangrena.

El abatimiento de la mirada
entre lo inútil.
Contra el luto riguroso del bosque,
el eco del instinto,
la resonancia de fondo festiva,
el clamor del paisaje
no devastado,
el balbuceo afirmativo
escarbando en el nublo,
el fervor palpitando
en el calvero,
ínsula extraña para el ojo explorador.
El deseo contra la chamusquina,
el deseo de dar fe de aquello que queda en pie
todavía rebosante de savia.

Lo vivo seguirá creciendo
allí donde crece la muerte.

LA MIRADA ANCESTRAL

Dans une ténébreuse et profonde unité.

CHARLES BAUDELAIRE

¿Qué certeza hay en la incertidumbre de nuestro origen?
¿Que somos parte de un todo que quizá solo sea
la parte de otro todo?
¿Que el poder de la muerte
nos dio la vida y nos hizo hacedores
para que nuestras semillas se expandan
con la potencia con que la primera partícula
increíblemente comprimida se hizo añicos
de polvo y fuego?

Miramos con hambre el futuro
sin sentirnos parte de su imposible
geometría,
lo vemos pasar y huimos con él
y nos basta con mirar como fieras
enjauladas cómo la luz
se agita en la tiniebla
para concebir la cárcel del tiempo
y sentirnos heridos
y ahogados en la disolución.

Nacer para dejar
el rastro fulgurante
de nuestro asombro.
Vivir con la naturalidad con que decimos
somos desconociéndonos.
Viajar allí, hasta donde no llegan nuestros ojos,
a lo irreconocible que vive en lo real,
raíz de la luz que llamamos mundo.

Abrazo de escombros y una carnal
consistencia de desierto y un dócil ensueño
de permanencia.

No hay certeza, y solo rabia ante el brillo mortal
de las estrellas que gritan nuestro desamparo.

BETEL

¡Y Dios: lugar!

FRANCISCO PINO

Pasado el conticinio,
cuando el negro aún no siente el tacto del azul,
arden tus cicatrices.

Una mirada, la tuya, tantea
en la viscosa hondura,
y el mudo dios se burla
de tu estupor.

Tú, amilanado en la ignorancia de un no sé qué,
tiendes la mano
en sed de alianza.
Preso de este aquí en fuga,
reconoces tu exilio,
donde nunca es ahora,
donde nada lo es todo.
Al despertar quisieras
encontrar las fuentes y los senderos
esfumados entre piedras y matorrales.

Su voz, la del dios que se oculta,
acabaría
con tu temor,
pero calla y otorga y te ofrece
la posesión primera de esta tierra ajena.

Indeciso e indomable,
sientes la fiebre del naufragio.

Antes de la aurora anida tu voz
en los límites
de lo inefable.

Ándate con tiento,
no confíes en las alas de tu mirada,

¿qué vuelo se alza sin mazmorra?

El repentino luto
a punto de estallar en llamas.
Qué raro es todo
antes de la primera luz.
Ándate con ojo.
No hay paisaje sin laberinto,
no hay geografía
incorruptible.

Nada esperes aceptándolo todo.

Razón de permanencia

Nadie es profeta
de su destierro
cuando escribe y dice reconocer
la autopista en tierra incógnita, nadie ansioso
de aventuras se sabe
atrapado por la costumbre, nadie
enfermo de belleza
reconoce los escombros de la razón.
Nadie se siente tan próximo a la lucidez
que quien se aleja de ella.
Nadie, nadie reconoce la palabra «nada»,
nadie en este mundo a punto de desmoronarse
acepta la demolición.
Seguiremos bailando
un vals disparatado y oscuro

(podríamos decir hermoso)

al borde del abismo,
imaginando tierra firme en el vacío.

Seguiremos siendo exportadores de sueños rotos,
consumidores de ideales muertos.
Seguiremos mirando al frente
sin ver lo que creemos ver.
Seguiremos jugando
a las marionetas con cadáveres sin oír
el grito del último fruto,
y ufanos proclamaremos que vivimos.

Kyrie Eleison

Felix qui potuit rerum cognoscere causas.

Virgilio

Llegado a la edad en que todo empieza
a transformarse
te llamo a ti,
me dirijo a ti, el que siempre
anduvo lejos
y ocultó su rostro y su nombre.
Invoco tu hospedaje,
dios desconocido, y te pido que fecundes
nuestro destino de olvidados.
Intemperie final o luz pródiga, sálvanos
de la voracidad de lo invisible,
del porqué y el para qué,
y que el ansia de conocer
no nos condene a los yermos de la orfandad.
La música de tu verbo no suena
en mi desvelo,
el brillo de tus ojos
no ahuyenta el oscuro sin origen.
No nos preguntes a nosotros
cuando solo tú conoces la intensidad
de las respuestas.
No nos dejes a solas
con nuestras ruinas.

¿DÓNDE EL CONSUELO?

¿Quién de nosotros puede consolar?

NELLY SACHS

¿Podremos ser consoladores
si necesitamos consuelo?
¿Podremos contar las heridas
y conciliar el sueño?
¿Podremos decir basta
al cerco de desesperanza
cuando llegue el día
en que el umbral grite:
Entrad soy la muerte amiga?

Cambiamos las direcciones
de la huida
siempre a lomos de distintos corceles.

¿Y el precipicio?

No es fácil desprenderse
de una hondura incierta,
como tampoco
es fácil imaginar
la cima
desde la planicie.

¿Podría la boca ofrecer la luz
con tan solo nombrarla?
¿Podría asir al menos
las oscuras moléculas
de lo irreconocible?

No podré consolar
porque la médula del dolor
es inabarcable.

No podremos consolar con frases que nadie oye.
No podremos si el ojo,
a la hora del trigo, llueve de hambre
y el corazón tiempo hace
que colapsó.

Unos mueren y otros viven
sin saber que mueren,
padecen el dolor de lo opaco
y callan su deseo.
Todos añoramos
abrigo en lo inhóspito
y clamamos por alcanzar
el sentido de lo que somos.
Pero la voz enmudece al desear
todo el deseo
y el amor propio corrompe el dolor ajeno.

STABAT MATER
GIOVANNI BATTISTA PERGOLESI

¿Qué te permite ver
aun tan ciega de dolor
cuando ya no queda nada?

¿Qué esperanza, qué fe,
qué amor
te impulsa
a resistir
el asedio de la muerte?

¿El vuelo de unas aves,
el ladrido de un perro,
el pálpito de una oruga,
el golpe del fruto que cae?

Todo lo que alienta
sabe a muerte en tu boca,
todo a ras de suelo
es mirada de bosque
oscuro,
y en lo que ya
no puedes
entrar te amparas.

No volverás a ver su cuerpo,
pero su voz resonará en tus oídos
como una bandada de pájaros
que emigran.

Amiga del subsuelo
y los extrarradios,
¿cómo decirte
lo que quiero decirte
con mis palabras
dudosas y espurias
cuando a tu hijo
lo han hecho cadáver
y tú callas?

¿Qué decirte?
¿Cómo podría
dolerme mi palabra
como duele tu silencio?
Solo si el mal
ya no existiera,
te diría convencido
que estamos vinculados
a quién sabe qué.
Solo entonces podría
sembrar contigo
un campo entero
sin esquivar tus ojos.

XENÍA

*No olvidéis de mostrar hospitalidad, pues gracias a ella algunos,
sin saberlo, han hospedado ángeles.*

Hebreos 13, 1-2.

LA MIRADA DEL OTRO

No soy capaz de explicar el mundo y no sé
si en él hay espacio
para mí.

Yo también soy un extranjero
y pongo mis ojos
en tu llaga,
y te siento compañero.
Me concierne tu dolor
y tu alegría,
me entrego a tu recelo.
Basta que nuestras miradas dialoguen
para evitar la huida,
que los ojos no renuncien a la inquietud
del encuentro,
que renazcan a salvo
de malquerencias.

Vagamos aferrándonos a la costumbre.
Venimos y vamos y caemos y decimos
soy con el cuerpo en tierra.

Solo hay que estar abierto, y desplegarse y fundirse
en el secreto
del otro que huele
a selva intacta.

Extranjero como tú soy, resina
del mismo árbol
y misma ave intentado remontar el vuelo.

Ninguno de los dos tenemos
palabras que expliquen la sinrazón
de la existencia,
pero tratamos de comunicar nuestra extrañeza.

Te entrego lo que soy en una
sola mirada.
Te ofrezco el latido franco de mi corazón.
Somos iguales en nuestra incertidumbre de ser,
déjame, pues, que habite
tu padecimiento,
tu confusión,
tu exilio.

Déjame acogerte en mi perplejidad.

Acto de fe

Las praderas por las que caminábamos seguros
son ahora marjales.

¿Qué vuelve a nacer sino la humedad?

Alguien grita a los lejos:
Soy el abrazo y la crucifixión.
Alba y ocaso,
ni hombre ni mujer,
ni agua ni fuego.
Soy el que vela el sueño de la semilla en la tierra,
el que vence a la muerte dando muerte.
Soy quien quieras que sea,
pero no verás mi rostro
ni oirás mi voz.

La tierra que creíamos segura yace anegada,
lo cercano se hace confín
y el dios reinventado exige nuestra rendición.

¿Y el refugio?
¿Y el refugio?
Me preguntas mientras sigue gritando
aquel que proclama la abundancia en el corazón
de la noche.
¿Y el refugio?

Solo si osas mirar
a los desdichados sin apartar
la mirada, si todavía
eres capaz de distinguir

la inocencia sin renegar
del dolor, solo entonces,
hallarás el refugio.

El ojo que creyó en su mirada
alcanzó cumbres
y exploró
abismos.
La voz que tuvo fe
nombró aquello que había perdido su nombre.

Una boca y unos ojos
saludan a los frutos
que nacen en los huertos abandonados.

CONTRA LA COSTUMBRE

Que mis ojos no se cierren ante las heridas
que asoman en el sufrimiento ajeno,
que mi nariz no niegue
la fetidez de las fosas comunes,
que los niños desposeídos entren en mi sueño,
que la lepra no selle mi boca,
ni la coartada de la ignorancia
ciegue mi lucidez.

No hay palabras que justifiquen
el odio ni discursos bienaventurados
ante el lecho de la vergüenza.

Pienso en los jardines
convertidos en cementerios
improvisados, y en las hermosas cosechas
que no remediarán el hambre,
y en la esclavitud que provoca
la palabra «diamante».

Veo la sangre de tantas mujeres
impunemente derramada
cuando observo la floración de los granados,
veo al mendigo regresando a su rincón de mugre
cuando me acoge el sombraje de los bulevares,
veo medicinas y sanatorios
cuando aroman los dondiegos de noche,
y miro la materia
vibrante irradiando de plenitud, y digo estoy
vivo, más no olvido que en cada brote
hay un pico hambriento,

y en cada arboleda
unos polluelos que caerán de sus nidos.

No olvido que hay temor
en cada bocanada de esperanza.

AD OVO

Para María Engracia Sigüenza

Miras el cielo y sientes tu insignificancia
en esta galaxia tan insignificante
en la inmensidad del universo.
Preguntas el porqué de tanta grandeza y cómo,
siendo esta inconcebible, no ha aplazado
sus ansias de crecimiento y sigue expandiéndose
hacia la nada o el eterno retorno.
Tú, tan solo un átomo entre tanta vastedad,
interrogas al creador
que se esconde en la maravilla de su creación,
y en vano preguntas, pues el oráculo calla.
Tú has nacido en un abismo entre soles
para nombrar
aquello que no es si no es percibido.

Hay un dios en tu mirada
y en tu voz cuando en medio
de lo infinito y de lo infinitesimal miras
y nombras la imposibilidad de aquello que es
en la oceánica bravura
o en la oscura quietud.

Tenemos el poder de nombrar el mundo que nace
y muere con violencia,
pues el universo no sabe
que sabe, y durante
miles de millones de años creció
buscando la mirada

de nuestros ojos
e invocó el apetito visionario
que llamamos existencia para existir,
él con nosotros,
porque no es aquello que no vemos ni nombramos.

ANGELUS NOVUS

Para Paco Illán

Nuestros abuelos vieron agrietarse
los colores en los huertos quemados
y conocieron la paz de las ruinas
y se sintieron náufragos
de la desolación.
Ellos escucharon el grito
marítimo instándoles
a romper lazos con la luz
de una mañana gris
y repetitiva.
También nuestros padres caminaron por senderos
de zarzas añorando la contienda
de las aguas y el vuelo de alta mar
cuando las parcas olfateaban libidinosas
el olor a deriva.
Resonaba una paz mentirosa en las ciudades
y aldeas, en campos y montañas,
y en los valles recónditos,
y las siervas elevaban santuarios
consagrados a un dios
sin edad ni razón.

Ahora nosotros vemos
cómo declina
la luz de la certeza
y el futuro es solo una altísima
mirada invocadora
cuando el azar ha borrado todas las regalías.

Y también nosotros tememos a la muerte
y su vacío,
y le plantamos cara
con el orgullo derrotado,
y soñamos una más alta invitación
sin clausura ni guardianes, deseando vestirnos
de fiesta para encender
fogatas en el corazón
de las encrucijadas.
También nosotros deseamos
despojarnos de nuestras ropas
y sentir la carnal humedad de la mar
y la llama radiosa de su savia.

Henos aquí
deseando que el frío
anuncie nuevas claridades.
Henos aquí esperando
a que concluya
el recuento de tumbas
para renegar de la usura
y compartir la exultación,
para suplicar el abrazo cómplice.

Volveremos a sentirnos vivientes,
cuando traspasemos, ebrios de mar, los umbrales.
Ser allí, en el lugar
de los ímpetus y los fragores sin guaridas,
y ser aquí,
en la extrañeza de vivir como uno solo,
sin multitudes,
próximos y remotos,
sin dirección ni alcance,

y solo con el mismo
vértigo de vuelo y fuga, con la misma sed
de impotencia y plenitud que sintieron
nuestros antepasados.

FORTALEZA Y VUELO

Para Esther Abellán Rodes

Observa la esmeralda húmeda de la mañana,
mírala. Verás rostros
en los árboles y alas en las hojas,
la imposible geometría de un vapor suave
acariciará tu silencio.

Reino animal,
vegetal y mineral uno solo,
como mar y horizonte,
un diálogo armónico de presencia y ausencia,
de todo aquello que llamamos vida y muerte
para que te veas en este espejo
con ojos de albergue y no desandes tu camino,
para que el júbilo se reconcilie con la herida.

Mira y convéncete de que esta luz es tuya,
mira, pero no trates de ordenar las certezas
ni demoler los interrogantes, solo así,
solo así podrás nombrar sin vergüenza
la belleza que fluye
en este tiempo
adicto a las catástrofes.

DE SENECTUTE

Canta con la mirada oscura
la intensidad de la excepción.
Canta lo nuevo de la vida
que pulsa para ser más vida en los estragos.
Canta el tiempo de las huellas imprevistas,
el ritual incansable de la huida.
Canta la impaciencia y hazla
fortaleza. Canta lo que estuvo y lo que no es.
Canta cuando la muerte cae cerca
y tiemblas porque sabes
que ella conoce tu nombre y tu paradero.
Canta otoñado la indigencia del invierno
que habrás de saludar sin derrota ni gloria.
Canta cuando arden las acequias y hallas en sus aguas
las formas de tu sueño,
cuando la enfermedad
diezma las ilusiones
y los deseos.
No dejes de cantar
cuando nos escondemos de nosotros mismos
y confundimos la visión con la ceguera,
el horizonte con la celda.
Canta exhausto, canta,
aunque sea balbuciendo o en susurros,
la última convulsión del día,
y acepta el precipicio sin entregarte a él.

HABLO CON MI PADRE

Mi padre está muerto, pero a veces nos reunimos
para hablar de todo aquello
que no supimos decirnos.

Que nadie piense que hablo con fantasmas,
solo que la pérdida se manifiesta
serenamente
para disipar
mis tempestades,
tan sencillo como eso.

Nos fundimos en un abrazo de palabras,
pero yo no oigo su voz,
ni él la mía.

Mi padre regresa, calmado y sin intemperie,
a la placenta del mundo porque ya no siente
hambre de lo vivo, y sin embargo nunca llegó
a estar tan vivo.

No puedo ver sus ojos,
mas siento su mirada.
No puedo oír su voz,
pero la escucho.
Y yo le hablo
y él me habla,
y nuestro diálogo
suena acompasado,
y nos reconocemos
el uno en el otro. Años,
muchos años hace ya
que dejamos de avergonzarnos
de nuestros propios miedos.

Con Ada en la azotea

Afirmo el amor al abrigo
de tus párpados. He dicho sí
y más sí
a la luz que es luz
sin ardides,
al resplandor
de tu mediodía
atardeciendo.
Siento la tensión
de la belleza
que aceptará su sino de escombro.
Te miro y espero
todas las palabras
que esperan clarear
en tus labios,
y revivo lo que hubo ayer
y acepto lo que hay
y lo que vendrá.

La plenitud se nos escapa
mientras la celebramos.
Avidez del instante
que grita su más tenaz no
al estertor de la abundancia.

Mirada y mirada
botando barcas
en el océano,
reforestando
desiertos. Mirada y mirada,
como dos niños

con los ojos llenos de sueño
horadando la playa
y bendiciendo
los poderes del sol.

Alianza

Para Fernando Pastor y Mammen Hita

Perdurará en la memoria la amenaza y el dolor
de las calles vacías
y el olor fúnebre
de la rosa marchita.
Pero con brisa de renacimiento
se rendirán los ojos enlutados
a los pífanos de la luz.

Es gracia y no pesar la lengua
que profanó el silencio.

Escúchame, la tristeza es solo una luz de bosque,
una escarcha fugaz sobre la flor del almendro.
Mírate en mis ojos
y descansa tu nuca
en mi pecho.
Siente la cosecha aún caliente
y el picoteo
de la alondra en la avena.

Escúchame en el tabernáculo
de la madrugada. Todo mutó
en los campos tapiados
y una más pura claridad
enumera los brotes.

Escúchame, ya podemos
respirar sin temor,
una quietud profunda acoge y no desampara.

Hay armonía en el vértigo
y el espacio-tiempo es la huella que deja
la zancuda en el arenal.

Escucha el mensaje de bocas
abiertas en los nidos.

Nos sentamos a la mesa en la casa de lo incierto,
nada más sencillo que hacer
ánimo de lo que ahora somos cuando el primer
zureo de la tórtola replica
al último ulular de la lechuza.

¿A qué ventanas abiertas diriges
tu mirada?
¿A qué cúpulas, a qué sueños,
a qué estanques mansos te entregas?

Es luz todo cuanto germina
y muda y niega
tu pesadumbre.

Escucha con tu pupila en vilo.

Aquí estoy,
estoy aquí contigo.

Escucha, escúchame.

Estoy junto a ti ahora
que el mundo renace.

El mundo en mi habitación

Con qué inocencia todo florece
y el paisaje es una travesía imperecedera
deseante y deseada,
y en una mirada sola
yo abarco el mundo ofrecido como
maravilla ajena
al dolor y la incertidumbre.
El mundo estaba antes y estará después, mas
es ahora el acontecimiento de su certeza,
un himno contra los que hacen muerte de la muerte,
una sustancia resplandeciente y sonora
que a mí se entrega.

Por un instante,
solo por un instante,
ya no siento desolación.
No veo miserias ni privaciones,
siendo la soledad un soplo nuevo
sobre mi rostro.

No hay miedo, solo un siena urgente
y caballos. Caballos galopando.

Con qué inocencia pueden
dar amparo
unos ojos inquietos en estado de vigilia
cuando los pájaros
vuelven a poblar la ciudad
y los niños en sus guaridas
—como ángeles caídos—
añoran los umbrales.

Yo bendigo esta luminosidad,
mañana bienamada.
Yo saludo estos murmullos de bosque
en la urbe silente.

Hay huellas de garras
ocultas en las calles,
lo sé, pero dejadme
que haga voz del abrazo
en el instante
que me permite ser
la parte y el todo.

LAS FRONTERAS DE LA MEMORIA

Con mi vaga memoria de paisaje perdido.
JUAN EDUARDO CIRLOT

Borra el lugar
para emprender otros vuelos
en alas del júbilo y la aflicción.
Regresa al niño perdido en campos de rapiña,
al niño perdido que fuiste

—y que aún eres—

con los ojos transidos de infinito
absortos en el tránsito
del fuego que llamea.
Que no digan que solo
rondas cenizas
y turbias aguas.

Respira el aire
de este crepúsculo
que aún late
y mira asombrado el río de la juventud
perdida discurriendo,
con sus oros y azules.

La ventana entreabierta, el cielo salpicado
de fondo, las cumbres disfrazadas de simas,
la mirada afilada de hoz

reclamando la dignidad
de los emigrados,
             los perdidos,
                        los explotados,
los que combaten sin descanso
contra la muerte
             y el olvido,
los que no sienten
la brisa suave
ni escuchan la voz del mundo en el buen
amanecer,
los que no se recuestan
ociosos en las honduras del musgo y el helecho.

No pierdas el coraje
de mirar con perspectiva ética.

El asombro es rendición y gratitud, mano
alargada, tendida hacia ti mismo
—el que fuiste y el que eres—.
hacia ellos, los vencidos,
los que esperan la nada sin pedir auxilio.

En tu mirada hay un color de viaje infinito,
un sentimiento
de pérdida antes de perderlo todo.
Una luna bienhechora te beneficia
con la huella candente de un destello.
Todo vuelve a ser móvil, todo fluye,
pero no es nada compasivo el río
del tiempo, y reclama nuestro naufragio,
negándonos la gracia
de ser como quisimos ser,

de estar donde siempre quisimos estar,
de poder subir
                    más alto,
de poder sumergirnos
más hondo,
de poder desenterrar la semilla.

Nunca alcanzarás la cálida lejanía
de las estrellas,
pero podrás
sentir la huella de su luz en tu mirada.

No podrás abrazar la plenitud,
pero te bastará
con acariciarla con la punta de los dedos.

No podrás evitar la disolución, no,
mas no desfallecerá la hospitalidad
de tus sentidos.

Lo perecedero

Aquí están mis manos para acariciar la piel
del mediodía
y señalar los árboles
que el sol consagró.
Aquí mis manos
para alentar los fuegos
y remover las silenciosas aguas
desde la borda de este día
ensalzado por los ojos tristes del jilguero.
Mis manos poso donde
no hay dios, ni frontera, ni salmo,
ni conjuro en las mieses.
Establezco una alianza con la tierra y el cielo
custodiando, el sueño desde el insomnio permanente.
Siempre el rostro y las manos
anhelantes,
suplicantes,
oferentes,
germen de unas alas salvajes,
nidada de culebra que habita en los asomos
de la quietud,
vertical como
profundidad ascendente. Raíces y tallos
y ramas apuntalando el abrazo cómplice
contra murallas y olvidos.
Aquí están mis manos sin ataduras,
oh, Deméter, que hurgas
en mi destino,
oh, Dionisos, que ofreces tus mejores caldos.

Zureo en los cerezos
y zambullida en las flores del tilo,
y el amarillo mimosa más allá del erial,
todo tan acogedor y extranjero,
todo combustión de alas,
fosas y cúpulas,
santuarios aromados y ojivas,
arquitrabes corroídos, y mis manos, mis manos
tanteando el oro de los altares
consagrados a la materia llena de lujuria.
Mis manos saludando al oleaje
de verde fuego.
abriéndose paso entre
las sombras de las bóvedas prodigio.
Mis manos dispuestas al alumbraje.

UT PICTURA POESIS

Para Eva Ruiz

Magma bermellón,
súbito
siena lujurioso, detrás
de los vidrios un pálpito
cálido
y un murano
de acequias,
y el cadmio y el violeta,
combustión hacia
la vida o la muerte,
revelación
en un abrir
y cerrar de ojos,
el arte de mirar
la lejanía
con la plenitud
cuando chirrían
las cancelas
y una voz de hermosísima
distancia dice:
Tuyo es el último fulgor
y la poderosa energía
del verbo ser.
En la enramada
todavía vibra la luz
que aún no sabe
que va a morir,
esa luz sin promesas,

esa luz
llena de ti
como fragua de fuego
abandonado.
Nada suena mejor
que las colmenas
del silencio en el aire yéndose
por sus heridas.
Nada como el asombro
de la pupila
explorando los años luz
de las madrugadoras
estrellas.

Luz y silencio

Homenaje al pintor Antonio Ballesta Campello

Nos es fácil recorrer de arriba abajo las fincas
del exilio mientras encarnas lo invisible
y el tacto hace nido en los huecos de la luz.
No es fácil, no,
crear con el color
donde ascienden las llamas
de ocres y rojos,
de azules y verdes y púrpuras.

El ojo queda sin descanso
y la mirada
escarba en las grietas,
y halla nuevos veneros.
La mirada inquieta ensalza lo resquebrajado
y alienta la quietud y el movimiento.

Nada hay que tu mano no alcance
con dulzura y desvarío en sus ansias
de resplandores,
en su zozobra irrefrenable.

Asomado a la vastedad
de la revelación,
perpetúas en tintes
palpables ese
visto y no visto,
ese vislumbre entre la pesadilla
y la serenidad,

esa intemperie encinta,
esa transparencia sin límites
donde el verde crepita,
el azul arropa
y el encarnado
vigila el abismo.

No resulta fácil, amigo,
evitar la posesión del hastío,
dar forma al eco
de lo no dicho
y voz a la llama de la raíz.
No es fácil clarificar el enigma
que interroga acercándose
y alejándose al mismo tiempo.
No es fácil plasmar
en una imagen
el rumor de la libertad.
No es fácil unir los añicos
de lo real
en una fervorosa
alianza con lo que no tiene nombre.

Ars poetica

Para Fernando Mañogil Martínez

Si nombro el azahar,
¿preservaré su aroma?
Si muerdo la carne del cítrico,
¿ahuyentaré su pudrición?
Si retiro la ferralla del huerto,
¿elevaré un hospicio?
Si acaricio la espiga,
¿saciaré a los hambrientos?
Alabado seas, asombro
que conviertes en prodigio
los gestos anodinos
y deslizas tu lengua
por la piel ajena celebrando sus veneros.
Mil veces alabada
sea tu eficacia para abrir todos los cerrojos.
Alabado seas, fervor,
alabado seas por ahuyentar
los demonios de la apariencia.

SIMIENTES

Germinaron semillas
entre flores secas y raíces podridas.
Unas sobre otras lucharon feroces
por la porción de tierra que cubrimos de despojos.
Supimos que Dios no era más
que un despilfarro de vida creciendo
con brotes de lealtad y alabanza.
Sonaba en nuestra voz y en nuestros ojos
una oleada
de colores y sonidos y aromas gozosos.
Las semillas se encararon al limo,
no sintieron miedo y socavaron la inocencia,
y por eso besamos
su crecimiento
y les prometimos un nombre.

EL CENTRO Y LOS MÁRGENES

La vieja sed renace
y la entereza
no es más que la capacidad
de respirar otro aire.
La soledad es una diosa
lejana cuya luz cautiva
pero no arrastra.

Este otoño proclama lo que ha de callar
y bendice la vida
con un lenguaje efímero.

Jóvenes y viejos
sin techo ni esperanza
son ángeles caídos que olvidaron su origen
en este calvero de bosque urbano.
No reconocen su falta de vuelo
e insisten en vivir
entre luces tóxicas. Siguen viviendo contra
la lepra de sus sueños irrealizables.
Los observas y sientes
el galope de sus instintos
de vida, el intenso ritual de sus latidos
contra la muerte.
Los observas y te sientes seguro
sobre un caballo fiel y previsible.

MIRADA Y PALABRA

Para Tomás Sánchez Santiago

Entras en el jardín y sientes
el dulce rebrote de una belleza oscura
que no puedes nombrar.
Respondes a la llamada de afecto
de una multitud que se oculta.
Tus ojos atienden a lo que pueden
reconocer
y nombrar.
Tus ojos miran
el pan de oro de las mimosas,
la gallardía del laurel,
la frondosidad de la higuera,
el fruterío del melocotonero y el níspero,
la corona de luz de los rosales...
Te llega el aroma del lilo, de la celinda
y el jazmín. Reconoces
el canto de las aves,
el bisbiseo de la serpiente y el zumbido
de los insectos.

¿Y lo demás?
¿Y la inaprensible soledad de lo que alienta
y que tú desconoces?

Lo que en su agonía conforma
el enigma desasosiega tu deleite.
Es aquello que pregunta sin doma
lo que reclama tu savia verbal,

porque esta algarabía,
nada es si no la nombras,
como nombras los colores más generosos.
Nada es esa rama, ni ese fruto, ni ese vuelo,
porque no le basta con existir
a aquello que se extiende dando todo de sí,
si tú no lo creas otorgándole un nombre.

INVOCACIÓN

Tuve amigos vencidos contra el suelo
que nunca se rindieron al oprobio.
Tuve amigos capaces de reír
en la tundra interminable de la depresión;
amigos que pasaron largos años
clamando libertad
en los campos de trabajo forzado
que el azar les asignó; amigos
que bailaron sobre el filo del hacha
y sanaron de sus graves heridas.
Hice amigos de mutismo y cáustica mirada,
desconfiados y amenazantes,
que consideraban una cuestión de honor
el hecho de no autocompadecerse.
También hice amistades compasivas
que me escucharon decir muchas veces
que mi vida había sido una equivocación.

Ahora que en mi cuerpo brotan las primeras marcas
de la decadencia pienso en las amistades
que borraron su nombre de la encrucijada.
Pienso en vosotros, amigos y amigas ausentes,
y os invoco en este bruñido atardecer.
Yo, terco sedentario sin raíces,
os convoco cuando todo declina
y se degrada,
y os pido que me ayudéis
a custodiar las brasas
como quien porta satisfecho
el fuego vigoroso de una antorcha.
Os lo pido a vosotros, que aprendisteis a morir,
que me ayudéis a evitar el conformismo
y a conservar el apetito de lo vivo.

LAS PRIMERAS BRUMAS

Los ojos fijos en la otra orilla
del claroscuro.
Naufragados los ojos en lo turbio,
las palabras murmuran
el asombro ante el muro,
perdidas en el sol
y en la sombra, perdidas.

Las manos hallan un vacío de plenitud.
Hay señales de sangre
pero no aparecen los lobos.

Concuerdan dulzura y furor.
Las palabras saben a roble, a tejo,
a pinaza y a calvero,
y nosotros, hechos a la niebla vespertina,
miramos y entonamos
un lamento de luna roja.
El sur está lejos.
A estas alturas toda progresión
es desconocimiento.

Se oye un grito de muerte
en los montes.
Al otro lado de los bosques
regresan los pescadores taciturnos
y los muelles están iluminados
de sordidez.

El mar y el bosque obligan a velar
y hacen presa
de quien se envanece de conocer
sus secretos. Paramos y miramos
y sentimos el movimiento de la tierra.
El día se borra, pero la palabra luz
permanecerá inalterada, aunque olvidemos
invocarla cuando la llama
se rinda a la desfiguración y nos sintamos
vencidos por la simiente de otra claridad.

Espacio libre

Henos aquí pisando
el polvo de otros yermos.
Henos aquí jadeando ante las celosías,
sin vestigios ni vértigos, escudriñando
el lodazal de la masacre.
Bandadas de aves vuelan
hacia las aguas
que no podemos ver,
aunque olemos su saliva salada.
Pese a todo no dejemos de mirar hacia el frente.
Ya es olvido lo que ahora es.
No hay principio. No hay fin.
Solo la intriga de la mudanza en nuestros ojos
acogedores.

LOCUS AMOENUS

Aquí, donde me siento a descansar,
hay una fuente de libertad pagana
que duele como el chasquido de las ramas quebradas.
El viento expande el olor a liquen y a tomillo,
propaga el clamor
de los espinos y eleva un fuego de escarcha.
Algo está vivo en esta soledad
y me susurra que no seré más.

Allí, frente al tocón,
veo unos ojos
acechando en el profundo verdor,
y en las cúspides fulgurantes
hay un señuelo de eternidad.
Ya está preparado el ritual
de la disolución,
y ahora que la pupila todo lo absorbe,
ahora solo ahora,
arrebato lo que puedo a la extrañeza
de unas preguntas sin semilla.

¿Dónde la alegría?

Llegué por el dolor a la alegría.

José Hierro

Llegar por el dolor a la alegría...
¿Es posible?
¿Puede el dolor perdonarnos sus cárceles
y persuadirnos de gozar de lo propio y lo adverso?
¿Puede un rapto de tormenta hacer
que vuelva a latir un corazón seco?
¿O acaso aun gritando y diciendo
tengo miedo podemos diseñar un paraíso?
¿Quiénes somos cuando no somos?
Quizá por entre montañas de escombros y basuras
consigamos rozar
el ala de un ángel
y alcancemos a mirar desde la confusión
la claridad aún no agotada,
desesperados
de ser y de sentir
el rayo anhelante que nos devora y alimenta.

EL CAMINO DE VUELTA

Cantan las aves agoreras, cantan,
cantan con fuerza a las cinco de la madrugada
tras las últimas casas
del extrarradio,
frente al polígono industrial.
El fénix está a punto
de resurgir entre los cardos.

Con aroma de ebriedad
y rocío en los ojos
miras el viejo estanque
cubierto de ova.
No hay victorias ni derrotas, tan solo
un paisaje con otra luz.
Olvidarás, pasadas unas horas,
el camino de vuelta.
Las palabras se aproximan a ti
pero no te reconocen. Te tocan
sin llegar a abrazarte.
La oscuridad es un naufragio
en el espeso resplandor de la ciudad.

El aire pegajoso, la aspereza
de los ladridos y los muros.
Los chicos madrugadores pintan la pared
con aerosoles.
Te miran con ojos de crótalo.
No reparan en la preñez del horizonte.
En cambio, tú
te detienes a mirar las primeras contracciones.

El arte de nacer
conlleva vértigo y desolación.

Dejas atrás
un camino de higueras y granados.
La calma tensa
de los porches dispersos
entre huertos y jardines.

¿Qué verbo es capaz de describir
el aliento de las afueras?

Las aves agoreras
siguen cantando cuando
pasas por delante del cementerio
de automóviles y el motel ruinoso.
Atraviesas un huerto roturado
donde los insectos mondan las espigas silvestres.
Llegas a la ribera del río,
cuerpos duermen en lechos de cartones,
bultos clandestinos sin vuelo.
Ellos encarnan
el dolor de la historia sin saberlo,
ellos están dentro de ti,
son la imagen de la naturaleza mancillada.
Ellos huelen a morgue
y a clínica de urgencia,
ellos viven la enfermedad de ser acosados
por la enfermedad y gritan en sueños
al mismo tiempo que las aves agoreras.
Pero los gritos de los demás
siempre se pierden en la lejanía.

Ya enfilas el sendero
del parque y la claridad susurra y se extiende.
Las primeras larvas de oro acarician tus ojos.
Sientes allá, sobre lo más hondo,
los sueños perdidos y los corazones ausentes.
Todo anhelo rueda y se pierde
por los desagües del olvido
tan instantáneamente como olvidas el infortunio
de los sin tierra que dejaste atrás,
a los huidos sin horizonte que despertarán
temblando de frío para volver
a huir desesperadamente de su huida.
Ellos, los mismos que vieron tus ojos,
no se regocijarán como tú
ante la luz rubicunda del alba.
Entre desechos, extenuados,
agradecerán, si acaso, el poder
volver a respirar un día más.

Tú ya estás bajo techo
e inicias un proceso
de comienzos y ocasos.
No olvidaste la llave
y entre las luces y sombras líquidas de la casa
te sientes a salvo de todo cuanto viviste.

Las aves agoreras dejaron de cantar
y ahora suena el turno inocente del jilguero
en el follaje del jardín.
Hay en tu casa una expresión de tranquilidad.
Es la ilusión de una paz pasajera.
Abres las ventanas y te deslumbra
el candil matinal.

No sabes si vives o sueñas.
La flor nocturna de la escarcha
todavía no se ha marchitado
y te da a respirar sus brumas.

Tu memoria habla.
La sed nunca saciada.

Conjuro

Incertidumbre, no me arrastres a tus selvas,
no agites mi deseo,
no alimentes mi miedo,
no me confines en lejanías que nadie alcanza,
no me envisques negándome tus ojos,
no digas nada cuando
te entregue mi luz a cambio de la que tú me niegas.
Dama amiga o enemiga,
amagas y escamoteas,
muestras y escondes...
Oh, pudorosa, con qué impudicia manipulas
mi inquietud hurtándome el mundo.
Llegas insomne a reclamar mi sueño,
y en algo más allá
de ti espero el orden luminoso
de la última cosecha, o acaso
el trazo lóbrego de una herida.
No sé si eres raíz o rizoma, tronco o rama,
sustrato o superficie,
mas nada de eso importa
si desconozco
el color de la nostalgia encendida
en tu silencio
y mi voz palpita en el himno inalcanzable
de tus promesas.

Incertidumbre,
solo necesito que me muestres el camino
transitable en el roce
con el azar.

Digo sí una vez más a los plantíos
cuando se pudren las cosechas
bajo las brumas
y ofrezco hospitalidad al extraño
en mi extrañeza.

Huele a rocío, a regaliz y a leche de higuera.
La luz es un irse por las heridas.
Huele a niebla de aljibe,
a óxidos escondidos
y a salitre de ausencia.

Digo sí a los pájaros que vuelven exhaustos
para proclamar el camino
de nuestro extravío.
Expuesto enteramente a la inclemencia,
con el paso adelantado hacia
el umbral, digo sí al rumor de enredaderas
en el seno de la luz última.
Un sí sucio de alquerías, pero con todos
los fuegos vivos,
un sí mayor asumiendo que nunca
encontraremos lo que vinimos a buscar.

OBSTINATIO

¿Acaso no es
un héroe, un héroe
iluso, pero
héroe al fin y al cabo,
quien se niega en el último naufragio
a ser nadie y anuncia su nombre
para alzarse sobre el torso de la tiniebla?
¿Acaso no es un héroe quien pugna
contra las implacables
mareas de la edad,
y allí donde el frío se enseñorea
enciende fogatas de obstinada esperanza?

Es un héroe
quien niega la carroña que habrá de ser
y vindica caricias con denuedo
en el cuerpo yermo
de la ambición
y arraiga con orgullo
frente a la bandada de las harpías,
y mirándolas a los ojos les dice:
Soy el ilota, el desposeído,
y pese a todo
soy capaz de decir yo soy.

Es un héroe aquel
que no teme al misterio
de los caminos inversos.

EN EL CORAZÓN DE LA ENCRUCIJADA

En tanto que proclamas y decretos,
y rumores e incertidumbres ciegan
el fervor y malogran la revelación,
estoy dispuesto a dedicar
unas brasas sublevadas a ese porvenir
frío y oscuro que acecha
en el fondo del pozo
al que nos asomamos.
Ofrendo, por tanto, el latido de mi palabra
y el tránsito de mis sueños a quien
escribe su derrota.
Ofrezco todas mis preguntas
a quien ya no osa preguntar,
y mis pasos a todo reo de letargo.
Solo con la plenitud de la mirada invito
a sentir la viva potencia de lo pequeño
entre tanta grandilocuencia envenenada.
Estoy dispuesto a compartir
tu miedo cuando campea la ferocidad,
a chapotear contigo en las aguas
del abismo aceptando los riesgos
de la succión,
pero sin dejar de morder la luz
que nos regala el vuelo de unas grullas
sobrevolando la laguna
o el alfabeto itinerante de la procesionaria
en las ramas del pino.
Estoy dispuesto a habitar contigo
todo lo que la mañana restaura
en su respiración incandescente,
con la misma naturalidad y simpleza
con que la existencia extiende sus raíces.

Estoy dispuesto, ven y mira,
a combatir contra el poder imperativo del tiempo,
a compartir la embriaguez del instante en sazón
que agita nuestros cuerpos
saqueados por la costumbre y desalambra
todos nuestros deseos.
Estoy dispuesto
a levantar puentes en el aquí
y abrir rutas en el ahora.
Estoy dispuesto
a elevar hospicios
en la herida que nunca cicatriza.

ÍNDICE